Marine Alves Ferreira
du blog Chère Gemme

Objectif **zéro** dépense !

J'ORGANISE L'ANNIVERSAIRE DE MON ENFANT

Collection d'idées d'invitations, décorations, animations

À FAIRE SOI-MÊME

les éditions de saxe

L'AMITIÉ
Jade

C'est mon anniversaire !

BON POUR
UNE SOIRÉE PYJAMA
de la part de MARCEAU
MOMENT À PARTAGER

OOPS!
BOOM!
YEAH!

SKATING

YES DAY
Deguiser papa et maman
Pancakes et fontaine au chocolat
plouf!
Piscine!
Bataille d'eau
miam!
miam! Glace 3 boules
Suchis et pizzas
miam!
vroum!
Bonbons
Spectacle de voitures
Organiser une fête à la maison
Dormir sous la tente
Interdit de dire NON !

Joyeux
Anniversaire
Janvier
Février
Mars
Avril
Mai
Juin
Juillet
Août
Septembre
Octobre
Novembre
Decembre

SOMMAIRE

MARINE ALVES FERREIRA

Après un premier livre « Activités Nature » dans lequel l'autrice
vous propose un rendez-vous créatif hebdomadaire sur une année,
au fil des saisons et à partir des éléments de la nature,
Marine du blog Chère Gemme, vous embarque dans sa deuxième passion
créative, le cartonnage et l'organisation des anniversaires de ses enfants.

*« Chaque anniversaire, pour nos enfants, est un moment hors du temps.
Un moment pour s'évader, partager et se retrouver
autour de leur thème préféré.*

« J'organise l'anniversaire de mon enfant »

*Dans cette collection d'idées, découvrez au fil des pages,
des modèles d'invitations à imprimer et fabriquer,
des décorations immenses à imaginer et découper,
des animations à personnaliser et organiser.*

*Entre choix de thème, nombre d'invités et déroulé de la journée,
des pistes sont proposées pour tout organiser.*

*Découvre également des pas-à-pas de recettes de gâteaux d'anniversaire
simples à réaliser et à décliner en fonction des goûts,
ainsi que des idées de décors habilement pensés pour transformer
le plus simple dessert en superbe gâteau d'anniversaire. »*

*Découvrez le premier livre
de Marine « Activités nature »,
un recueil de plus de 60 activités
créatives au rythme des saisons*

Réf. BLOG040 sur edisaxe.com

@cheregemme

cheregemme.com

À Jade et Marceau, mes enfants,
pour qui chaque anniversaire
est un moment hors du temps.
Un moment pour se retrouver, imaginer,
créer et rêver autour de leur thème préféré.

N'oubliez pas que papa et maman vous aiment

AVANT-PROPOS

J'ai pris tant de plaisir à organiser les anniversaires de mes enfants ces 8 dernières années. Des anniversaires très entourés et des anniversaires en tout petit comité. C'est en 2020 et 2021, durant ces périodes confinées, que tout a changé. De notre façon de penser à notre façon de dépenser. Car quand dresser la liste des invités, choisir la décoration et acheter un gâteau pour le goûter ne sont plus des éventualités, à la maison, des alternatives créatives sont nées.

S'amuser d'un rien, en faire un tout.

Et de ces 14 anniversaires cumulés, je retiens un point commun à tous ces moments passés : Qu'importe l'âge du petit fêté, qu'importe le budget alloué ou le nombre d'invités, qu'importe la décoration imaginée et le gâteau réalisé, de ces évènements, ne restent que l'émotion partagée.

« Revenir dans l'être et sortir du paraître » pour citer Maud Ankaoua

Aussi, « J'organise l'anniversaire de mon enfant » n'est autre qu'une collection d'idées pour agrémenter une journée qui sera de toute évidence appréciée. Il n'existe aucune règle, aucune norme à respecter. Se faire confiance, rester simple et profiter de la journée en priorité. Et ne jamais oublier que la journée sera belle en résumé.

La joie est en tout.

Les mots de ma fille Jade me reviennent. Alors âgée de 5 ans, en évoquant une journée où tout ne s'était pas très bien passée, elle a imagé « C'est comme un arc-en-ciel. Je n'aime pas toutes les couleurs de l'arc-en-ciel, et pourtant, C'est beau un arc-en-ciel ».

Je vous souhaite une belle journée,
Marine

Mars 2020,
2 ans de Marceau confiné
et première décoration
en carton

L'ORGANISATION

Du lieu de l'anniversaire au déroulé des festivités, du choix du thème à la liste des invités, s'organiser est sûrement la clef, pour se détacher le jour arrivé, de toutes les formalités et ne faire que s'amuser et profiter de tous les visages enjoués.

« La raison d'être d'une organisation est de permettre à des gens ordinaires de faire des choses extraordinaires. »

Peter Drucker

Aniversaier de Jade
7 ans
taime : l'amitié
- groses flers en carton
- gato au choclat chocalat avec des fleurs
- le meau l'amitié de toute les couleur
- une bl boule à fasette
- inviter : camille, zoé, coline, clèmence, maelys, mélina, anaita.
- une surprize

Un lieu de fête

Il y a tout un tas d'avantages à réaliser les anniversaires dans un lieu de loisir, un parc d'attractions ou encore un musée : l'animation est souvent bien rodée, les encadrants formés, le gâteau préparé et la maison reste rangée. Mais quand le budget est serré, il y a évidemment et bien heureusement d'autres façons de s'amuser. Et le moyen le plus simple de faire des économies est celui de trouver un **lieu gratuit**. Alors c'est parti pour activer son réseau et ne pas tout miser sur la météo. En intérieur, en dégageant **le salon**, la fête d'anniversaire prend place dans son logement, celui d'un ami ou d'un parent. En extérieur, en investissant un **coin de terre**, l'après-midi se déroule dans son jardin, celui d'un copain ou d'un voisin. Les **parcs publics** peuvent également être de superbes lieux pour la journée, si autorisés, en veillant à se faire aider de quelques adultes supplémentaires pour assurer la sécurité et en gardant à l'esprit une **solution de repli** en cas de forte pluie.

La plage horaire

Les enfants ont peut-être cette envie que leur anniversaire continue jusqu'au bout de la nuit. Et pourquoi pas. Une soirée pyjama, c'est sympa ! Car la durée d'un anniversaire est variable et dépend avant tout de **leur goût** et **de nous**. Nous, parents ou encadrants, en fonction de nos capacités et possibilités. Et eux, enfants, au fil des années et selon leurs envies d'activités. À l'**école maternelle** et notamment en **petite et moyenne section** (de 2 à 5 ans), il est plus facile d'organiser un anniversaire après l'horaire de la sieste, pour 2h au moment du goûter. En **grande section de maternelle** (de 4 à 6 ans), le temps peut s'allonger, la sieste étant souvent déjà réduite par le rythme scolaire. L'anniversaire peut ainsi débuter plus tôt pour s'étendre sur 3h dans l'après-midi. Arrivée en **école élémentaire**, du CP au CM2 (6 à 11 ans), la durée peut être modulée en fonction du nombre d'invités ou des activités, pour s'étendre sur 4h jusqu'à la fin de journée. Et puis il y a toujours les petits fêtés qui vont préférer troquer les journées d'activités par les soirées en petits comités : à nous les **soirées pyjamas à 2 ou à 3** !

Un jour de fête

Même si le jour rêvé est certainement **le jour J de l'anniversaire** de la personne fêtée, cette configuration ne se produira certainement que quelques années. La date se fixe alors souvent au plus proche du jour J de l'anniversaire pour garder l'esprit de la fête. Et pour sélectionner le jour le plus approprié permettant de maximiser les réponses positives des invités, on peut prendre en compte quelques données :

- En période de **vacances scolaires**, les invités sont plus susceptibles d'être gardés, en voyage ou au centre aéré, d'autant plus durant les congés d'été. L'idée est alors de décaler la fête d'anniversaire à **la rentrée**. Rien de mieux que recommencer l'école avec la perspective d'un jour à fêter !
- Les **mercredis**, en France, la majorité des enfants n'ont pas école ce qui peut constituer une belle journée pour préparer un goûter. En revanche, de nombreux parents travaillent et l'organisation est parfois bien huilée. Les mercredis sont ainsi rythmés par les activités périscolaires des enfants ou par un mode de garde au centre aéré, chez nounou ou les grands-parents.
- Les **samedis** et les **dimanches**, semblent être les jours les plus pertinents pour réunir tous les enfants. L'école est terminée, les enfants sont reposés et les parents, plus susceptibles d'être disponibles. On ajoute une mention particulière pour les samedis qui, en plus d'être une journée sans école, est une journée sans lendemain d'école ! De quoi permettre aux invités de profiter de la fête sans se presser et récupérer le lendemain de leur folle journée.

Astuce

Le plus important avant de fixer la date des festivités est de toute évidence de s'assurer que le meilleur ami de la personne fêtée sera bien à ses côtés.

Les invités

Le nombre d'invités est à discuter et à moduler en fonction de la **capacité d'accueil** du lieu des festivités, des **envies** de la personne fêtée, du type prévu d'**activités** et de l'**aide** proposée durant la journée. Certains enfants ont en tête une liste d'invités infinie tandis que d'autres ne vont penser qu'à 1 ou 2 amis. Il est toujours agréable de s'octroyer un moment de calme pour penser aux invités, les énumérer, les noter. Identifier les **meilleurs amis** dont la présence est une priorité. Dans la liste, les **camarades d'école** reviennent souvent en premier mais ce moment de réflexion est l'occasion de se remémorer tous les enfants côtoyés en **dehors de l'école**, au sein de la famille ou au cours des activités. Il est primordial de s'accorder quelques jours, la liste va évoluer. Mais une chose est sûre, la personne fêtée est la seule à finaliser sa liste d'invités une fois le nombre d'invités décidé.

Astuce

Pour limiter le nombre d'invitations, on peut utiliser une équation : Nombre d'invités = Nombre de bougies à souffler. Offre soumise à conditions, non cumulable et limitée à 10 bougies.

Il n'est pas nécessaire de limiter la liste d'invités à des enfants qui se sont déjà rencontrés, à des enfants qui ont le même âge ou les mêmes activités ou même de respecter la parité. Tous les invités ont un point commun à ne pas oublier : **une personne spéciale à fêter**.

Astuce

Pour les anniversaires où tous les invités ne se sont pas déjà rencontrés, la création d'un badge prénom en carton peut être une super idée pour faciliter les présentations.

Le déroulé

Les festivités s'organisent autour du goûter, s'adaptent aux invités et aux activités proposées. Pour s'inspirer, il est possible, sur **une plage de 2 à 4h**, de proposer un déroulé :

- L'**accueil de 15 minutes** en attendant l'arrivée de tous les invités, leur laisser le temps de se retrouver et découvrir le lieu des festivités. Ce moment pourra également permettre de distribuer et d'accrocher les badges prénoms, si tous les enfants ne se sont pas déjà rencontrés auparavant.
- Une **première session d'animation** ou de jeux libres de 30 minutes à 1h30. L'occasion de réunir tous les invités et proposer une **première activité qui encourage la coopération et la communication** entre les invités comme un jeu d'enquête, des olympiades ou le jeu de la piñata. Cette session d'animation est à adapter en fonction de l'intérêt des invités porté à l'activité et peut se transformer ou se prolonger en un temps libre de jeux pour laisser l'imagination se développer et la synergie de groupe se créer.
- La **pause goûter de 30 minutes** avec la dégustation du gâteau et l'ouverture des cadeaux.
- Une **deuxième session d'animation** ou de jeux libres de 30 minutes à 1h 30. L'occasion pour les enfants de **se retrouver autour d'un projet commun** comme une boum dansante, la décoration de sablés, la réalisation d'un tableau collaboratif ou d'un espace photomaton pour se créer des souvenirs.
- Un **retour au calme de 15 minutes** entre bricolage et coloriage en attendant le retour des parents.

Ce déroulé est évidemment à moduler et doit laisser place à la **flexibilité** pour s'adapter aux envies de la personne fêtée, de ses invités et profiter ainsi pleinement des festivités.

Le thème

Choisir un thème pour une fête d'anniversaire n'est pas une nécessité, mais peut être un **super allié** pour trouver des idées et tout organiser. Certains enfants ont des envies très arrêtées (un animal, le personnage d'un dessin animé) tandis que d'autres auront des goûts plus étendus (la nature, l'amitié). Mais qu'importe la précision, un thème permet surtout de créer un anniversaire personnalisé aux goûts de la personne fêtée. Il donne un cap et l'élan pour choisir la décoration (les éléments à créer, les couleurs à privilégier), fabriquer les invitations (le format, le texte), réaliser un gâteau (la décoration, les bougies), adapter les animations (le thème d'un jeu d'enquête, la forme de la piñata) et même donner des idées de cadeaux pour les invités ou pour venir déguisé.

Parmi tous les thèmes à imaginer on peut lister quelques idées :

- Les **personnages** : Mettre en avant les personnages préférés ou inspirés de livres, films ou dessins animés (super-héros, super-héroïnes, sirènes, pirates, dinosaures, licornes, robots, etc.).
- La **nature** : Créer autour des éléments de la nature (les plantes, les fleurs, les fruits, etc.) ou des animaux (les mammifères, les oiseaux, les reptiles, les poissons, les amphibiens, les insectes, les coquillages, etc.) que l'on peut aussi choisir en fonction de leur habitat (les animaux de la jungle, de la forêt, les animaux marins etc.).
- Les **métiers ou activités** : Imaginer un anniversaire autour d'un sport ou d'un métier (le football, le tennis, la danse classique, le cirque, les pompiers, les policiers, les engins de chantier, etc.).
- Le **voyage** : Partir autour du monde à travers une destination (un pays, une ville, un monument etc.) ou un moyen de locomotion (avions, trains, bateaux, voitures, etc.).
- Les **couleurs** : Dédier la décoration à une nuance en particulier ou tout un nuancier.
- Les **saisons ou événements particuliers** : Célébrer en fonction du calendrier, du printemps, de l'été, de l'automne ou de l'hiver et de tous les évènements saisonniers (la galette des rois, la chandeleur, le poisson d'avril, le carnaval, la fête de la musique, Halloween, etc.).
- Les **notions** : S'inspirer des notions importantes aux yeux des enfants (les émotions, la tolérance, l'amitié, le bonheur, l'amour, la famille, le temps, la créativité, etc.).

Astuce

Bien qu'un thème soit choisi, inutile d'acheter toute la décoration assortie. La vaisselle du quotidien convient très bien et permet de faire des économies. Du ruban adhésif de couleur ou des autocollants avec le prénom des enfants permettront de personnaliser l'anniversaire tout en identifiant les verres.

Un anniversaire sur le thème de l'amitié organisé après un déménagement et réunissant des enfants de l'ancienne et de la nouvelle école.

L'AMITIÉ
Jade
7

LES INVITATIONS

Cette joie mêlée d'excitation le jour de la distribution des cartons d'invitation dans la cour de récréation. Ce petit morceau de papier qui renferme tout l'amour et l'envie d'un moment à partager. Et peu importe la forme que prend l'invitation, d'une feuille volante à une création extravagante, il n'y a que l'intention qui compte et les précieuses informations.

« Donner est un plaisir plus durable que recevoir,
car celui des deux qui donne
est celui qui se souvient le plus longtemps. »

Nicolas de Chamfort

C'est mon anniversaire !

L'essentiel

Au-delà de la forme des cartons d'invitation, des inspirations, au temps passé à la réalisation, il y a le fond et ces quelques informations à ne pas manquer de noter pour que chaque invité puisse venir célébrer cet anniversaire dans les meilleures conditions :

- Le **prénom** de l'enfant **invité**, et pourquoi pas ajouter son nom ou sa classe, afin qu'en cas de perte de l'invitation, elle puisse revenir à l'intéressé.
- Le **prénom** de **l'enfant qui fête son anniversaire**, une information parfois nécessaire pour les parents des petits invités qui réceptionnent plusieurs cartons d'invitation.
- La **date**, **l'heure** et la **durée** de la fête d'anniversaire.
- Le **lieu de la fête** d'anniversaire avec une adresse complète et précise nécessitant parfois des indications supplémentaires comme un nom sur l'interphone, une couleur de portail ou tout autres détails.
- Les **coordonnées téléphoniques** de l'adulte qui organise l'anniversaire avec son prénom.
- La **date de réponse souhaitée**, une information pratique pour connaitre le nombre de participants et finaliser l'organisation de l'anniversaire en conséquence.
- **Si nécessaire, une tenue particulière** en fonction des activités prévues ou de la possible météo : des baskets et tenue confortable en cas d'activités sportives ; un chapeau et des lunettes de soleil pour les beaux jours ou encore un maillot de bain pour des jeux d'eau ; des bottes de pluie et un imperméable en cas de pluie et pourquoi pas la possibilité de venir déguisé !

Astuce *Récolter les numéros de téléphone des parents des invités afin de doubler l'invitation par message et les tenir informés pendant la fête d'anniversaire, en cas de coup de mou pour les plus jeunes ou blessures pour les plus casse-cou.*

Modèles tout prêts

Reprenant tous les **essentiels** des cartons d'invitation, **6 modèles d'invitation sont à télécharger, compléter et colorier**. Entre des bulles de bande dessinée, des étoiles, des véhicules et des routes, des formes géométriques, des fleurs ou encore des confettis. De quoi s'adapter à tous les thèmes imaginés et couleurs préférées.

à colorier

à compléter

Modèles d'invitations à télécharger et personnaliser

Invitation pour
Camille
Anahita
Invitation pour
Zoé
INVITATION
Je t'invite à mon 7ème anniversaire
le 11/11
de 14 h à 17 h
Merci de me confirmer ta présence
de préférence avant le 4/11
A très vite !
Accessoires utiles :
Basket
Casquettes
Maillot de bain
Bottes de pluie
Imperméable
Déguisement
Jade
N° téléphone :
Adresse :

Rendez-vous gourmand

Comme un avant-goût de la fête d'anniversaire
avec la promesse d'un **rendez-vous gourmand**.
Une confiserie sucrée attachée au carton d'invitation pour patienter
et mettre l'eau à la bouche de tous les petits invités.

Matériel :

- Papier cartonné (180 à 200 g)
- Règle
- Crayon à papier
- Paire de ciseaux
- Feutre noir
- Colle en gel
- Confiseries sucrées

Optionnel pour le lettrage :

- Papier calque

Réalisation

1. Dans du **papier cartonné** de la couleur de son choix, tracer au crayon à papier et découper avec une paire de ciseaux des cartons d'invitation au **format A6** (environ 15 × 20 cm).

2. **Plier les cartons d'invitation en deux** pour obtenir un livret d'un **format A5** (environ 10 × 15 cm). *(photo 1)*

3. **Choisir les confiseries emballées** qui seront attachées à l'invitation : sablés personnalisés, bonbons, sucettes... *(photo 2)*

4. Au crayon à papier, **tracer quelques lignes** pour écrire au **feutre noir** une phrase d'accroche « Avant-goût de la fête », « Rendez-vous gourmand » etc. sur la face avant de l'invitation, en veillant à laisser une place suffisamment grande sur le carton pour attacher l'attention gourmande. *(photo 3)*

5. À l'intérieur du livret, coller une feuille reprenant les informations de la fête d'anniversaire (modèles tout prêts à télécharger et personnaliser page 18).

1

2

3

Recette des sablés page 64

Un invité bien gâté

Les invités sont parfois bien gâtés lors des fêtes d'anniversaires et parfois même dès réception du **carton d'invitation**. En plus de cette promesse de partager un bon moment, l'hôte peut décider d'y ajouter un **élément personnalisé**, une petite attention, entre générosité et envie de plonger son invité dans la fête ou ses activités préférées.

Matériel :

- Carton fin
- Règle
- Crayon à papier
- Cutter de précision
- Peinture
- Feutre noir
- Éléments à offrir
- Attaches (ruban adhésif coloré, pâte adhésive ou ficelle)

Optionnel pour le lettrage :

- Papier calque

INVITATION
- Anniversaire Marceau -
pour Basile
INVITATION
- Anniversaire Marceau -
pour Norah
INVITATION
- Anniversaire Marceau -
pour Mila
INVITATION
- Anniversaire Marceau -
pour Thomas

Réalisation

1. Dans du **carton fin**, tracer au crayon à papier et découper avec un cutter de précision des cartons au **format A6** (environ 10 × 15 cm). *(photo 1)*

2. **Peindre** les cartons d'invitation.

3. Choisir les éléments qui seront attachés à l'invitation : des petits jouets que son enfant veut bien offrir (petits véhicules, figurines d'animaux ou personnages à personnaliser) ou des éléments symbolisant la fête d'anniversaire (sachets de confettis, ballon de baudruche, langue de belle-mère, bougies d'anniversaire).

4. Au crayon à papier, **écrire** ou décalquer le texte sur la face avant de l'invitation en veillant à laisser une place suffisamment grande sur le carton pour attacher l'élément à offrir. On retrouve souvent le mot « **Invitation** », le prénom de l'invité ou encore l'âge qui sera fêté. *(photo 2)*

Une écriture de la main de son enfant, de la sienne ou une police d'écriture à décalquer !

Astuce

Pour décalquer une police d'écriture, poser une feuille de papier calque sur le lettrage imprimé depuis un ordinateur et reproduire le lettrage par transparence avec un crayon à papier. Retourner la feuille de papier calque et repasser le lettrage au crayon à papier sur une feuille de brouillon puis retourner une nouvelle fois sa feuille de papier calque avant de la positionner sur le carton d'invitation et repasser sur les traits.

5. **Repasser** le texte au **feutre noir** ou de couleur. *(photo 3)*

6. **Attacher l'élément à offrir**. En fonction de l'élément, choisir de créer 2 petits trous de part et d'autre du jouet et nouer une ficelle ; utiliser du ruban adhésif coloré ou encore un morceau de pâte adhésive facile à décoller. *(photo 4)*

7. Au dos de l'invitation, coller une feuille reprenant les **informations de la fête d'anniversaire** (Modèles tout prêts à télécharger et personnaliser page 18).

1

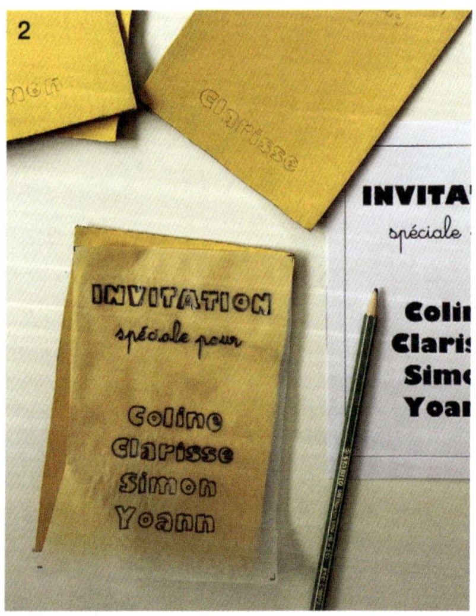

2

3

4

INVITATION
spéciale pour
Simon
INVITATION
spéciale pour
Coline
INVITATION
spéciale pour
Clarisse
INVITATION
spéciale pour
Yoann

La perle rare

Laisser libre cours à son imagination.
Des maisons, des guirlandes, des bougies, des gâteaux, des camions, des fleurs, le portrait de ses amis ou les lettres de leur prénom... Les perles à repasser s'adaptent à tous les thèmes imaginés.

Les perles à repasser

Il existe **3 tailles de perles à repasser**, parfaites pour adapter l'activité créative en fonction de l'âge de l'enfant.
Les perles **MAXI** de 10 mm de diamètre sont faciles à manipuler dès 3 ans. Les perles **MIDI** de 5 mm de diamètre, les plus répandues en magasins de loisirs créatifs, sont faciles à manipuler à la main ou avec une pince dès 5-6 ans. Cette taille de perles permet la confection d'un large choix d'illustrations.
Les perles **MINI** d'un diamètre de 2,5 mm, adaptées dès l'âge de 9-10 ans, à manipuler avec une pince, permettent des créations plus précises mais demandent beaucoup de minutie.

Les plaques

Les plaques se choisissent en fonction de la taille des perles. **Deux types de plaques** suffisent pour réaliser la majorité des illustrations :

- **Une plaque à picots carrée** où les perles forment des lignes et des colonnes. Les perles sont alignées les unes par rapport aux autres (plaque utilisée pour effectuer les personnages et les lettres). *(photo 1)*
- **Une plaque à picots hexagonale** où les perles forment des colonnes et des diagonales. Les perles sont décalées les unes par rapport aux autres (plaque utilisée pour réaliser les fleurs et les fanions). *(photo 2)*

Pour créer n'importe quel motif

Transposer les illustrations de « Pixel art » sur la plaque à picots.
(Photo 3) : Motif en Pixel Art
(Photo 4) : Motif sur plaque à picots
(Photo 5) : Motif repassé
(Photo 6) : Motif collé

1

2

3
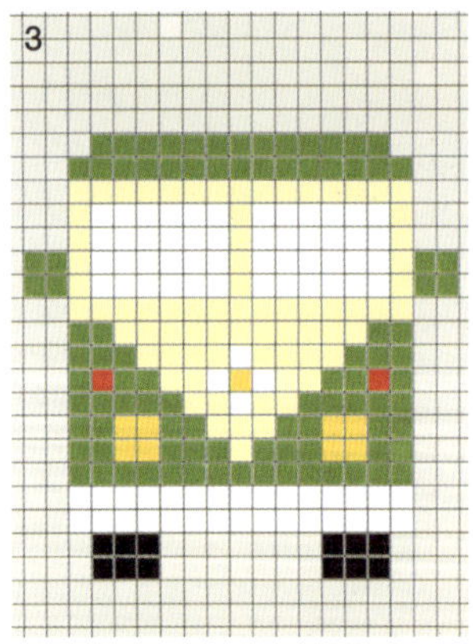

4
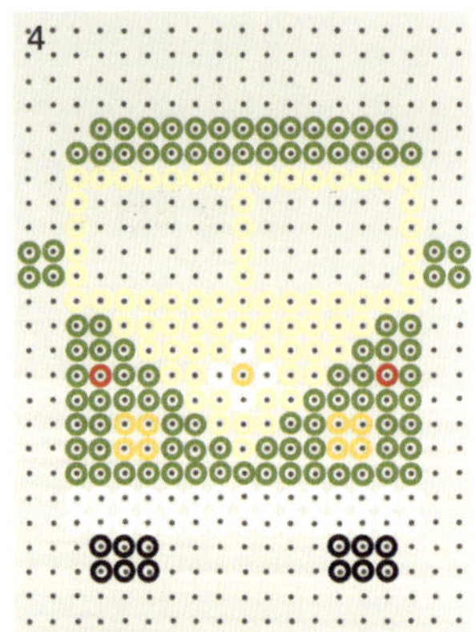

5

6

JADE
COLINE
ANAÏTA
MELINA
LUCILE
LYCIA
ALICE
CAMILLE
ZOÉ

Matériel :

- Papier cartonné (180 à 200 g)
- Règle
- Crayon à papier
- Paire de ciseaux
- Feutre noir
- Papier cuisson
- Colle en gel
- Plaque et perles à repasser en plastique

Optionnel pour le lettrage :

- Papier calque

Réalisation

1. **Positionner les perles sur la plaque** à picots en fonction du motif choisi.

Astuce Les motifs sont plus faciles à coller sur la surface fondue. Pour réaliser des lettres, ne pas oublier de travailler les lettres à l'envers sur la plaque à picots pour pouvoir les coller à l'endroit sur le carton d'invitation

2. **Couvrir le motif** avec du papier cuisson (ou papier sulfurisé) et **le repasser au fer chaud** avec une légère pression et des mouvements circulaires jusqu'à ce que les perles fondent et se collent entre elles (environ 30 secondes).

Astuce Ne pas trop appuyer sur les perles avec le fer à repasser au risque de faire fondre et déformer le support à picots en plastique.

3. **Laisser refroidir** le motif sous un livre, pour que le motif reste plat, avant de retirer le papier sulfurisé et la plaque à picots. La plaque à picots est réutilisable.

4. **Coller les motifs** de perles sur la face avant des cartons d'invitation en appliquant de la colle en gel sur la partie fondue des motifs.

Astuce Fabriquer un bouquet de fleurs en perles à repasser en froissant un carré découpé dans une feuille et en l'entourant d'un morceau de ficelle. Fabriquer une guirlande de fanions en passant une ficelle dans les fanions de perles à repasser

5. À l'intérieur du livret, coller une feuille reprenant les informations de la fête d'anniversaire (modèles tout prêts à télécharger et personnaliser page 18).

SUPER
INVITATION
YOANN
SUPER
INVITATION
JADE
SUPER
INVITATION
MILA
SUPER
INVITATION
THOMAS
SUPER
INVITATION
MARCEAU
SUPER
INVITATION
NORAH
SUPER
INVITATION
NATHANAEL
SUPER
INVITATION
BASILE
SUPER
INVITATION
KAIM

UNE SURPRISE

Il y a les cadeaux qui s'offrent et ceux qui se vivent. Des cadeaux matériels rêvés et espérés dont on peut dresser une liste à idées. Des plus classiques aux plus ludiques. À offrir seul ou groupés.
Et si parmi eux, il y avait des cadeaux immatériels ? Offrir de son temps. Le présent comme cadeau.
Alors pourquoi ne pas offrir ou donner l'idée d'offrir des moments à partager.
Un goûter à la maison, une balade à vélo, un atelier créatif et pour les plus téméraires, le jour du « OUI ».

« Le plus beau cadeau que tu puisses faire à quelqu'un, c'est ton temps. Parce que tu lui donnes une partie de ta vie qui ne reviendra jamais.... »

Paulo Coelho de Souza

6
7

Une cagnotte

La **cagnotte** ou le **cadeau commun** est indéniablement l'option la plus facilitante pour avoir un budget plus important et offrir un cadeau plus coûteux ou plus utile à son enfant.
Souvent considéré comme impersonnel, la cagnotte peut aussi être la possibilité de participer à un gros projet secret pour les invités. La participation à des cours de skateboard, une journée dans un parc d'attractions, un nouveau vélo… la cagnotte prend une dimension tout autre et les invités peuvent adhérer à l'idée de contribuer à l'accomplissement d'un rêve tout en évitant de surconsommer avec l'achat de petits cadeaux souvent éphémères.
Des sites Internet proposent de créer sa cagnotte en quelques clics mais c'est aussi toujours dans l'air du temps de confectionner une **urne maison**.

La liste à idées

La **liste à idées** est l'alternative idéale entre l'idée d'un cadeau commun souvent unique et celle de laisser libre cours à l'imagination des invités.
De nombreux sites proposent de réaliser sa liste d'envies nous laissant la possibilité de l'agrémenter tant de produits de **grandes enseignes** que de produits de **petits créateurs**.
Ce système de liste, à mettre à jour électroniquement, permet ainsi de diffuser les envies et besoins de nos enfants tout en maîtrisant le choix des cadeaux.
Contrairement à la cagnotte ou au cadeau commun, les invités ont un choix à faire, celui de choisir l'idée qui leur plaise en fonction de leurs propres intérêts et du budget alloué.

Des moments à partager

Les cadeaux immatériels nourrissent les souvenirs éternels. Offrir de **son temps** et **des moments de vie**. Cette occasion de vivre ensemble des instants uniques. Alors pourquoi ne pas offrir ou donner l'idée d'offrir des moments à partager ?

Un bon à imprimer et à personnaliser en fonction du moment que l'on souhaite partager peut être téléchargé ci-dessous.
Et parmi la multitude de **moments à partager** à adapter en fonction de ses possibilités, on peut d'ores et déjà proposer, pour faire émerger les idées : « un goûter à la maison », « une soirée pyjama », « une sortie au musée », « une partie de bowling », « un après-midi au parc », « une balade à vélo », « une session d'accrobranche », « un atelier créatif »…

Téléchargez les bons à partager !

BON POUR
UNE SOIRÉE PYJAMA
de la part de MARCEAU
MOMENT À PARTAGER

Le jour du "OUI" !

Le jour du Oui, plus connu sous le nom de « Yes Day » est une belle idée qui nous vient des Etats-Unis introduite grâce au livre jeunesse écrit par Amy Krouse Rosenthal et Tom Lichtenheld « Yes Day » publié en 2009 et popularisée avec la sortie du film du même nom de Miguel Arteta en 2021.

L'idée est simple et consiste à dire « OUI » à son enfant pendant une **journée entière** qui sera choisie en famille ! En week-end ou lors d'une journée en période de vacances scolaires. Sur une **plage horaire** définie, de 8h à 22h, à adapter en fonction de l'âge des enfants pour éviter les réveils trop matinaux et les nuits blanches. Et évidemment, il y a des **règles** qui seront ajustées en amont de la journée et décrites à toute la famille...

Si les demandes des enfants respectent ces règles (ou celles définies au préalable), elles devront obtenir un OUI !

« Manger une pizza et des sushis dans le même repas ? OUI ! »,
« Aller à la piscine ? OUI ! »,
« Faire une bataille d'eau au parc ? OUI ! »,
« Se déguiser ? OUI ! »...

Un bon moyen de **lâcher prise** toute une journée, découvrir les envies de ses enfants et passer du temps de qualité en famille.
On s'imagine que nos enfants seront capables de tout et surtout du pire mais, et si finalement ils étaient bien plus raisonnables que nous ?

Découvrez le Yes Day sur mon instagram !

Le jour du "oui" !

Règle numéro 1
Ne rien faire de dangereux, d'illégal ou d'irrespectueux (envers les membres de la famille, du voisinage, des animaux).

Règle numéro 2
Toutes les actions réalisées doivent se terminer à la fin de la journée (aucune répercussion sur le futur).

Règle numéro 3
Pas d'écran (hors visionnage d'un film/dessin animé en famille).

Règle numéro 4
Respecter un budget (qui couvre l'ensemble des dépenses de la journée) et un périmètre (nombre de km autour de la maison).

Règle numéro 5
Rester en famille.

Règle numéro 6
S'AMUSER !

YES DAY
Deguiser papa et maman
plouf!
Pancakes et fontaine au chocolat
Piscine!
Bataille d'eau
miam!
miam! Glace 3 boules
Suschis et pizzas
miam!
vroum!
Bonbons
Spectacle de voitures
Organiser une fête à la maison
Dormir sous la tente
Interdit de dire NON!

LA DÉCORATION

Dans le salon encore rangé, commencent les festivités. Les invités ne sont pourtant pas arrivés mais le sourire s'installe déjà sur la personne fêtée.
Guirlandes et ballons. Photos souvenirs et créations. Tout se transforme dans la maison de toutes les décorations en carton.

*« La créativité,
c'est l'intelligence qui s'amuse. »*

Albert Einstein

BOOM!
YEAH!
OOPS!
BOOM!
YEAH!

Guider vers la fête

Bienvenue à la fête d'anniversaire ! Quelques **ballons de baudruche**, des **flèches pour orienter** et pourquoi pas une **pancarte** pour accueillir les invités et les **guider** vers la personne fêtée.

Matériel :

- Carton
- Règle
- Crayon à papier
- Gomme
- Cutter de précision
- Peinture
- Feutre peinture
- Papier calque
- Perforatrice 1 trou
- Ficelle

Optionnel :

- Papier calque
- Velcro® adhésif

Réalisation

1. Dans un carton, tracer au crayon à papier puis découper au cutter de précision un rectangle d'environ **45 × 75 cm** et le peindre dans la couleur de son choix. *(photo 1)*

2. Au crayon à papier, écrire le message de **bienvenue aux invités** « Bienvenue à la fête d'anniversaire de (prénom de l'enfant) ». *(photo 2)* Dans le cas d'une fratrie, les étapes 5 et 6 sont idéales pour utiliser la même pancarte pour l'anniversaire de plusieurs enfants.

Astuce Décalquer une police d'écriture imprimée à l'ordinateur. Poser une feuille de papier calque sur le lettrage imprimé et le reproduire par transparence avec un crayon à papier. Retourner la feuille de papier calque et repasser le lettrage au crayon à papier sur une feuille de brouillon puis retourner une nouvelle fois sa feuille de papier calque avant de la positionner sur la pancarte et repasser sur les traits.

3. Colorier l'intérieur de la police au marqueur peinture et repasser le contour en noir au feutre fin. *(photo 3)*

4. À l'aide d'une perforatrice, percer 1 trou sur chaque coin supérieur de la pancarte et faire passer une ficelle qui servira d'attache. *(photo 4)*

Astuce En cas de vent, penser à perforer également les coins inférieurs de la pancarte pour passer une deuxième ficelle et fixer la pancarte en haut et en bas.

5. Afin d'utiliser la même pancarte pour toute une **fratrie**, écrire le prénom de chaque enfant sur différents cartons et les peindre. La taille du carton dépendra de la longueur des prénoms. *(photo 5)*

6. Utiliser un **velcro® adhésif** pour attacher les prénoms sur la pancarte en fonction de l'anniversaire à fêter. *(photo 6)*

1 Dimensions et couleur à adapter au gré des lieux et des envies

2

3

4

5

6

Ambiance guinguette

Comme une ambiance **guinguette** ou de **bal musette**, en extérieur comme en intérieur, les **guirlandes** explosent de couleurs et invitent à la fête.

Matériel :

- Carton
- Crayon à papier
- Gomme
- Règle
- Papier calque
- Cutter de précision
- Peinture
- Perforatrice
- Ficelle

Réalisation

1. Sur du papier calque, dessiner au crayon à papier des ampoules d'environ **10 cm de haut et 5 cm de large**. *(photo 1)*

Astuce *Remplacer les ampoules par des triangles en carton pour réaliser facilement une guirlande de fanions.*

2. Retourner la feuille de papier calque et reporter au crayon à papier le dessin de l'ampoule sur du carton. Reproduire environ 16 ampoules pour réaliser une guirlande de 3 mètres. *(photo 2)*

3. Découper chaque ampoule au cutter de précision. *(photo 3)*

4. À l'aide d'une perforatrice, réaliser 2 trous aux extrémités des culots des ampoules. *(photo 4)*

5. Peindre les culots **en noir** et les ampoules **en couleurs**. Unis ou comme dans la traditionnelle guirlande guinguette en bleu, vert, rouge et jaune. Reproduire cette étape des deux côtés de l'ampoule. *(photo 5)*

6. Monter les ampoules sur le fil en passant une ficelle dans chaque trou et en veillant à espacer chaque ampoule d'environ **15 cm**. *(photo 6)*

Utiliser un emporte-pièce rond ou un petit verre pour former l'ampoule

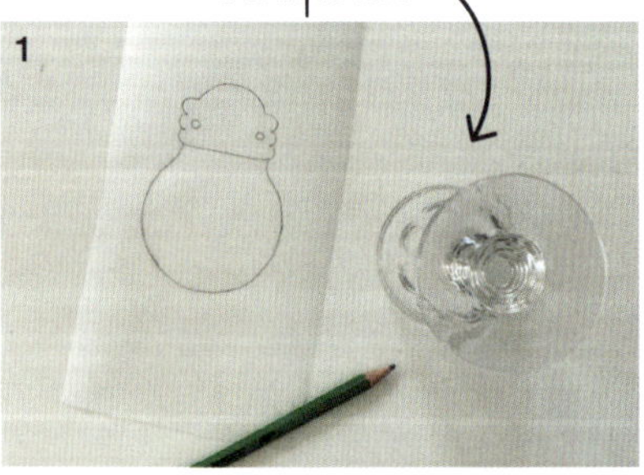
1

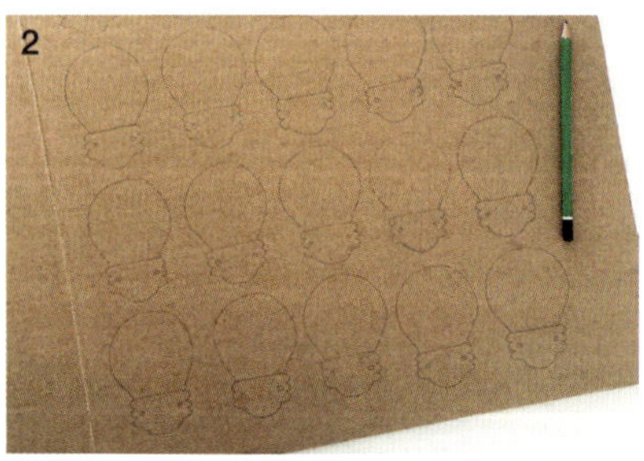
2

3

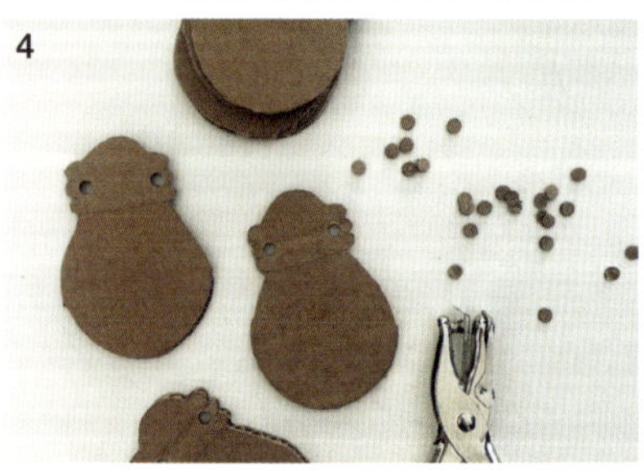
4

5

6

Marceau
Jade

Célébrer les années

Le temps passe si vite qu'il est parfois facile d'oublier l'**évolution de l'enfant** fêté.
Des cheveux qui poussent, la couleur des yeux qui change,
un visage qui se dépouponne, des dents qui tombent, des nouvelles qui poussent.
De 0 à 12 mois, de 0 à 6 ans, **quand les photos valent mille mots.**

Matériel :

- Carton
- Crayon à papier
- Gomme
- Règle
- Cutter de précision
- Peinture
- Photos par année ou mois de son enfant
- Colle en gel
- Perforatrice
- Ficelle

Optionnel :

- Papier calque

Réalisation

1. Imprimer en format **11 × 15 cm**, une photo **par année** ou **par mois** de l'enfant fêté, sans oublier la naissance.

2. Dans un **carton**, tracer au crayon à papier des rectangles de **15 × 18 cm**. Il est nécessaire de tracer autant de rectangles que de photos imprimées. *(photo 1)*

3. Au-dessus de chaque rectangle, tracer un chiffre d'environ **7 cm** de haut permettant de mentionner le nombre d'années ou de mois. *(photo 2)* Veiller à faire chevaucher le chiffre sur le tracé du rectangle d'un demi centimètre. *(photo 3)*

Astuce

Décalquer une police d'écriture imprimée à l'ordinateur. Poser une feuille de papier calque sur le lettrage imprimé et reproduire les chiffres par transparence avec un crayon à papier. Retourner la feuille de papier calque et repasser le chiffre au crayon à papier sur une feuille de brouillon puis retourner une nouvelle fois sa feuille de papier calque avant de la positionner sur le carton et repasser sur les traits.

4. Découper au cutter de précision les rectangles surmontés des chiffres et percer des trous à chaque coin supérieur des rectangles. *(photo 4)*

5. Choisir 2 couleurs pour peindre les rectangles et les chiffres d'une couleur différente. *(photo 5)*

6. Coller les différentes **photos de l'enfant fêté** sur les rectangles en carton en veillant à faire coïncider les photos avec le chiffre mentionnant les mois ou années passées. *(photo 6)*

7. Passer une ficelle dans chaque trou des rectangles par ordre chronologique pour former une **guirlande**.

1

2

3

4

5

6

Tout un décor

Voir les choses en grand en un seul élément. D'un simple **carton**, réaliser une immense **création**, la pièce centrale de la **décoration**. Et voir pour le plus grand plaisir des grands, des étoiles briller dans les yeux des enfants.

Matériel :

- Carton
- Crayon à papier
- Règle
- Cutter de précision
- Peinture et pinceaux
- Velcro® adhésif

Réalisation

Astuce

Conserver tous les cartons au fur et à mesure de l'année, des colis aux cartons de meubles à monter. Grandes enseignes, petits commerçants et entreprises locales peuvent, sur demande, mettre à disposition gratuitement les cartons de livraison. Des annonces de dons de carton post déménagement sont également souvent disponibles sur les sites de petites annonces.

1. Choisir, sur Internet ou de sa propre réalisation ou celle de son enfant, **le dessin à agrandir** et transformer en **décoration en carton**.

2. **Imprimer l'illustration** sur une feuille A4 et mesurer la hauteur du dessin.

3. En fonction de **l'espace disponible** dans le lieu de la fête d'anniversaire, définir la hauteur ou la largeur souhaitée de la **décoration finalisée** afin de déterminer l'échelle d'agrandissement permettant d'augmenter les dimensions du dessin tout en conservant les proportions. *(photo 1)*

Astuce

Si le dessin imprimé sur papier mesure 15 cm de haut et qu'il est envisagé de réaliser une décoration en carton de 90 cm de haut, alors le dessin sur papier est représenté selon une échelle 1/6 (90 divisé par 15 est égal à 6). Une échelle 1/6 indique ainsi que la décoration sera 6 fois plus grande que le dessin imprimé : chaque centimètre sur le dessin imprimé sera égal à 6 cm de la taille réelle de la décoration.

4. Dessiner un **quadrillage** sur le dessin imprimé. Le quadrillage sert de guide pour reproduire un motif sur une grande surface, dans ce sens, plus le dessin est complexe et plus le quadrillage sera petit pour faciliter la reproduction de tous les détails du dessin.

5. Identifier les points du dessin original se trouvant sur les **lignes du quadrillage**. *(photo 2)*

6. Sur du carton, reproduire le quadrillage selon l'échelle choisie, et placer les points du dessin. Petit à petit, le dessin original sera reproduit à l'échelle choisie sur le carton à la façon d'un « dessin à relier ». *(photo 3)*

Astuce

Pour créer un décor de grande taille sans avoir de grand carton, dessiner et découper les différentes parties du dessin dans plusieurs cartons (carré par carré du quadrillage) puis les assembler. Numéroter les quadrillages pour faciliter l'assemblage.

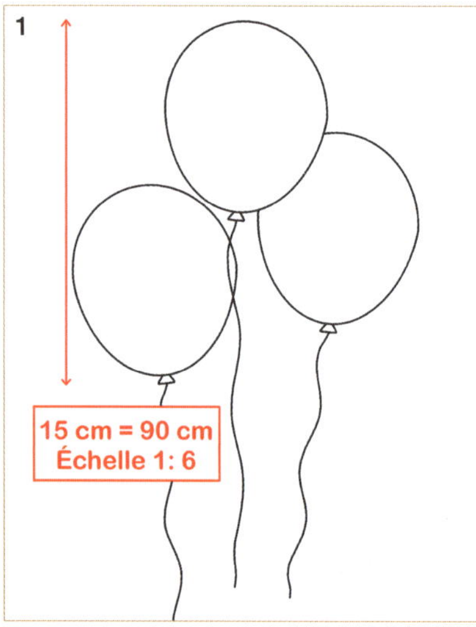

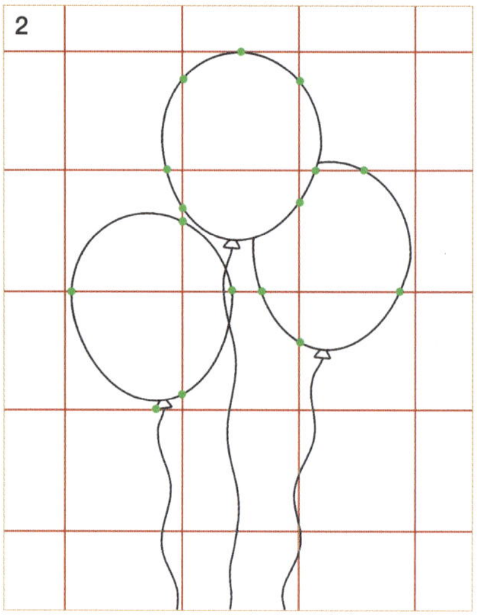

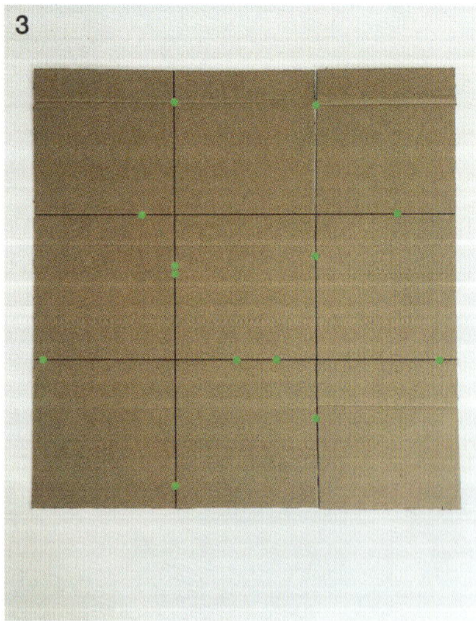

7. Relier les points au crayon à papier pour obtenir un tracé fluide puis reproduire les derniers détails en veillant à respecter l'échelle choisie à l'aide du quadrillage. *(photo 4)*
Cette méthode permet d'agrandir des dessins simples comme des ballons *(photo 5)* et des dessins plus complexes comme des insectes. *(photo 6)*

8. Découper le dessin au cutter de précision et le peindre ou le laisser brut.

Astuce

Pour des couleurs plus intenses et une peinture opaque, privilégier les peintures de magasins de bricolage se vendant sous forme de testeur, quantité suffisante pour les décorations.

9. Fixer au mur la décoration finalisée. *(photo 7)*

Astuce

Les bandes adhésives double-face ou velcro® adhésif sont des options parfaites pour fixer les décorations en carton sur un mur lisse sans faire de trou et sans laisser de trace. Bien lire les instructions du fabricant pour l'installation et le retrait des bandes et velcro®.

5

6

7

4

Au-dessus du gâteau

Au-dessus du gâteau, d'une décoration en carton aux petits personnages de la maison, un monde s'anime, des histoires se content pour ajouter de la magie aux célébrations.

Quelques idées à décliner :

Matériel :

- Cartons
- Pics à brochette
- Crayon à papier
- Cutter de précision
- Peinture et pinceaux ou feutres peinture
- Colle en gel ou ruban adhésif

Réalisation

1. Choisir, sur Internet ou de sa propre réalisation ou celle de son enfant, le dessin à reproduire pour surplomber le gâteau.
Cela peut également être des **lettres**, un **prénom** ou encore un **chiffre** représentant l'âge de son enfant.

2. Dessiner le motif au crayon à papier sur du carton puis le découper soigneusement à l'aide d'un cutter de précision. *(photo 1)*

Astuce Prendre en compte la taille du gâteau d'anniversaire pour adapter la décoration du gâteau en conséquence.

3. Peindre le motif aux couleurs de son choix. Il est également possible de peindre le pic à brochette en veillant à ne pas peindre la partie qui sera au contact du gâteau. *(photo 2)*

4. Coller le motif sur le pic à brochette à l'aide d'un **ruban adhésif** ou de la colle en gel. *(photo 3)*

5. Planter la décoration dans le gâteau d'anniversaire. *(photos 4 à 6)*

À la place des illustrations, écritures ou chiffres en carton, laisser place à son imagination et détourner les activités ou créations des enfants. Des **petits ballons** peu gonflés collés à la colle en gel sur un pic à brochette ou des **origamis** créeront à eux seul un décor personnalisé original.
(photos 7 et 8 page 52)

1

2

3

4

5

6

7

8

Pour agrémenter la décoration, réaliser quelques guirlandes de fanions…

Matériel :

- Ruban adhésif de masquage coloré
- Ficelle
- Paire de ciseaux
- Pics à brochette
- Feutre noir

Réalisation

1. Couper **un morceau de ficelle** à la longueur souhaitée de la guirlande de fanions en fonction de la taille du gâteau.

2. Découper des morceaux de **ruban de masquage** d'environ 4 cm et les plier en deux, côté collant, sur la ficelle, en veillant à espacer chaque morceau de façon homogène.

3. Couper chaque fanion de la forme de son choix : en triangle, rectangle ou encore en double flèche puis **personnaliser les fanions** en inscrivant « Bon anniversaire », le prénom de son enfant, l'âge ou des motifs. *(Photo 9)*

Astuce *Pour une décoration encore plus festive, mixer les couleurs du ruban de masquage et les formes de fanions.*

4. Attacher les extrémités de la ficelle sur les pics à brochette. Laisser suffisamment de longueur pour que la guirlande pende au-dessus du gâteau. *(Photo 10)*

5. Enfoncer les pics à brochette dans le gâteau en veillant à ce qu'ils soient stables et que la guirlande soit bien visible au-dessus du gâteau.

9

10

...et terminer par l'invitation des figurines fin prêtes pour la célébration...

Matériel :

- Ruban adhésif
- Ficelle
- Paire de ciseaux
- Figurines (animaux ou personnages) ou véhicules
- Dominos ou cubes de construction en bois
- Papier cadeaux ou papier à origami
- Mini pompons ou morceaux de coton
- Colle en gel

Réalisation

1. Couper des morceaux de papier suffisamment grands pour recouvrir les dominos. *(photo 11)*

2. Emballer des **dominos** ou **cubes de construction** en bois dans du papier cadeau ou du papier origami et du ruban adhésif. *(photo 12)*

Astuce *Varier les couleurs et motifs du papier pour créer les cadeaux.*

3. Installer les cadeaux sur les dos ou à côté des figurines et véhicules sur le gâteau d'anniversaire.

4. Découper des **cercles de 4 cm de diamètre** dans du papier coloré, puis découper les cercles en deux. *(photo 13)*

5. Appliquer de la colle sur un tiers du demi-cercle et les enrouler pour former des petits cônes. Enrouler plus ou moins le demi-cercle pour adapter la taille du chapeau à la tête de la figurine.

6. Ajouter sur le haut du chapeau un **pompon** ou une petite **boule de coton** à l'aide de colle en gel. *(photo 14)*

7. Disposer les chapeaux sur les têtes des figurines sur le gâteau d'anniversaire. *(photo 15)*

11

12

14

13

15

LES GOURMANDISES

Et si la pâtisserie semble compliquée, il suffit parfois d'oser se lancer dans un pas à pas facile à réaliser. Une recette à décliner au gré des saisons et des parfums préférés des enfants. Il suffit parfois aussi, d'un brin de folie et d'un décor habilement pensé pour transformer le plus simple dessert en superbe gâteau d'anniversaire.

« La cuisine, c'est un peu comme le cinéma. C'est l'émotion qui compte. »

Anne-Sophie Pic

Le gâteau nu

Pour 12-16 personnes
Temps de préparation : 4h

Ingrédients et matériel :

Pour la génoise :
- 12 œufs calibre moyen (55-60 g)
- 300 g de sucre
- 375 g de farine
- Beurre pour le moule
- Saladier
- Balance
- Batteur électrique
- Maryse
- Cercle à pâtisserie de 18 cm de diamètre maximum
- Papier cuisson
- Four

Optionnel :
- 1 sachet de sucre vanillé

Pour la chantilly :
- 300 g de mascarpone
- 300 g de crème liquide entière (à + de 30% de matière grasse)
- 60 g sucre glace
- Saladier
- Batteur électrique

Optionnel :
- Gousse de vanille ou zestes de citron

La génoise

1. Préchauffer le four à **180°C**.

2. Dans un saladier, **battre** les 12 œufs avec le sucre jusqu'à ce que le mélange soit crémeux et **triple de volume**.
Ajouter un sachet de sucre vanillé pour aromatiser la génoise. *(photo 1)*

3. Ajouter la **farine** et mélanger à la spatule délicatement jusqu'à obtenir une **pâte homogène**. Veiller à ne pas trop mélanger la pâte au risque de la voir retomber et devenir trop liquide.

Astuce *La recette est plus facile en la réalisant en 3 fois : Battre 4 œufs avec 100 g de sucre avant d'ajouter la farine. Étape à réaliser à 3 reprises dans 3 contenants.*

4. **Séparer la pâte** en 6 parts égales. Le poids total de la pâte devrait être d'environ 1320 g soit **220 g par part**.

5. Sur une plaque allant au four, déposer un papier cuisson puis le **cercle à pâtisserie** préalablement beurré. Veiller à ce que la plaque soit bien à plat, sinon la pâte risque de couler. Si la plaque du four n'est pas complètement plate, utiliser un plat à tarte comme support du cercle à pâtisserie. *(photo 2)*

6. Verser 1 part de pâte dans le cercle à pâtisserie préalablement beurré et cuire au four à **180°C** pendant **12-15 minutes**.

7. Une fois la cuisson terminée, la génoise doit avoir gonflé, la démouler et la laisser refroidir sur une **grille**. *(photo 3)*

Renouveler ces étapes pour les 5 autres génoises.
Les laisser refroidir sur la grille.

La chantilly

1. Placer au **congélateur** le saladier, la crème, le mascarpone et si possible, le fouet du batteur, pendant **15 min** avant de débuter la préparation.

2. Dans le saladier, mettre la **crème**, le **mascarpone** puis le **sucre glace**.

3. Fouetter au batteur électrique, doucement dans un premier temps pour mélanger tous les ingrédients puis augmenter la vitesse jusqu'à obtenir une **crème bien ferme et lisse**. Arrêter le fouet dès que la texture est ferme. Le passage d'une texture liquide à ferme peut prendre plusieurs minutes.
Ajouter des zestes de citron ou des graines de gousse de vanille pour aromatiser la chantilly. *(photo 4)*

Le montage

1. Lorsque les génoises sont froides, placer le premier disque sur le plat de présentation et le recouvrir d'une couche de chantilly d'environ **½ cm**.
Ajouter des fruits frais de saison dans les couches de chantilly pour plus de fraîcheur. *(photo 5)*
Renouveler l'étape avec tous les disques de génoise.

2. Terminer le montage en ajoutant une dernière couche de chantilly sur le dernier disque de génoise et sur tout le pourtour du gâteau puis lisser l'ensemble du gâteau (vous pouvez vous aider d'un coupe-pâte).

À conserver au réfrigérateur et à consommer dans les 48h.

1

2

3

4

5

Le gâteau arc-en-ciel

Pour 12-16 personnes
Temps de préparation : 4h

Ingrédients et matériel :

- 6 bols
- 1 spatule
- Colorant alimentaire en poudre bleu, rouge et jaune

Les ingrédients et le matériel sont identiques à ceux de la recette du gâteau nu page 58.

1. **À l'étape 4 de la recette de la génoise du gâteau nu**, séparer la pâte en 6 parts égales. Le poids total de la pâte devrait être d'environ 1320 g soit **220 g par part**.

2. Dans chaque part, mélanger un colorant différent pour obtenir les couleurs de l'arc en ciel. Il y a 7 couleurs dans l'arc-en-ciel : rouge, orange, jaune, vert, bleu, indigo et violet. L'indigo (couleur située entre le bleu et le violet) est omis dans cette version mais libre à chacun d'ajouter une nouvelle génoise pour obtenir cette septième couleur.
Le mélange doit être réalisé délicatement à la spatule au risque de voir la pâte retomber et devenir trop liquide.

Astuce *Privilégier les colorants en poudre pour une coloration plus intense. Une pointe de couteau suffit pour obtenir une belle coloration.*

À partir des couleurs primaires, le violet s'obtient en mélangeant du bleu + du rouge ; le vert en mélangeant du bleu + du jaune et l'orange en mélangeant du jaune + du rouge. *(photo 1)*

3. **Reprendre la recette à l'étape 5 de la génoise du gâteau nu**. *(photo 2)*

4. Continuer avec la **recette de la chantilly mascarpone** puis les étapes du montage en veillant à empiler les disques de génoise dans l'ordre des couleurs de l'arc en ciel !

Astuce *Plutôt qu'un arc-en-ciel, il est possible de décliner chacune des génoises en un dégradé de couleurs en n'utilisant qu'une seule couleur que l'on dose de plus en plus intensément.*

Version gâteau surprise

1. **À l'étape 4 de la recette de la génoise du gâteau nu ou du gâteau arc-en-ciel**, découper un cercle d'environ 6 cm de diamètre au centre de chaque génoise sauf la dernière génoise que l'on garde pleine. Utiliser un emporte-pièce rond ou un petit verre pour former le trou. *(photo 3)*

2. **Reprendre la recette à l'étape 5 de la génoise du gâteau nu**, puis continuer avec la **recette de la chantilly mascarpone**.

3. **Empiler les génoises avec un trou** en son centre en alternant les génoises avec une couche de chantilly.

4. **Remplir** le trou avec des confiseries. *(photo 4)*

5. Terminer le montage en ajoutant le dernier disque plein de génoise. **Finaliser** le gâteau en ajoutant une dernière couche de chantilly sur le dernier disque et sur tout le pourtour du gâteau puis lisser l'ensemble du gâteau.

1

2

3

4

Les décorations faciles

Transformer le plus simple dessert en superbe gâteau d'anniversaire à partir de son gâteau sec préféré, un marbré, un gâteau au yaourt, un moelleux au chocolat, un quatre-quarts, une génoise ou même d'un gâteau acheté dans le commerce.

Astuce Utiliser la recette de génoise page 58 en diminuant par 3 les quantités (4 œufs calibre moyen, 100 g de sucre et 125 g de farine) à cuire en une fois au four à 180 °C durant 25 minutes.

Quelques idées à décliner :

Recouvrir le gâteau d'une couche de **chantilly** (recette page 58), d'une **crème au beurre**, d'un **fondant** (pâte à sucre), de confiture ou d'une couche de **pâte à tartiner** avant de réaliser une jolie décoration.

- **Sur une base de pâte à tartiner**, quelques **confiseries** en chocolat pour créer des illustrations à la manière du « pixel art ». *(photo 1)*
  À décliner avec de nombreux dessins : arc en ciel, chiffres, lettres etc.
- **Sur une couche de chantilly ou de crème au beurre**, à l'aide d'un **pochoir** fabriqué à partir d'un carton, réaliser un chiffre ou une lettre en saupoudrant le gâteau de vermicelles. *(photo 2)*
- Sur une couche de crème au beurre non colorée, écrire ou dessiner sur le gâteau à la **poche à douille** avec le reste de crème au beurre colorée. *(photo 3)*
- Sur un gâteau recouvert d'un fondant/pâte à sucre maison ou acheté dans le commerce, utiliser des **feutres alimentaires** et décorer ou faire décorer par son enfant, le gâteau d'anniversaire. *(photo 4)*

Pour réaliser une crème au beurre :
90 g de blanc d'œuf (soit 3 blancs d'œuf d'un œuf de calibre moyen), 75 g de sucre et 125 g de beurre.
Laisser le beurre à température ambiante avant de débuter la recette.
Dans un saladier posé sur une casserole d'eau frémissante (bain-marie), fouetter les 90 g de blanc d'œuf avec le sucre jusqu'à ce que le sucre soit complètement dissous. Le mélange doit être collant et mousseux. Retirer du feu et fouetter au batteur électrique le mélange jusqu'à obtention d'une meringue ferme.
Patienter jusqu'à refroidissement complet de la meringue. Une fois froide, ajouter petit à petit les 125 g de beurre pommade (mou) et mélanger pour obtenir une crème homogène et dense.

1

2

3

4

Des sablés créatifs

Temps de préparation : 3h (dont 2h de repos au réfrigérateur)

Ingrédients et matériel :

Pour les sablés :
- 250 g de farine
- 125 g de sucre
- 1 pincée de sel
- 125 g de beurre
- 1 œuf
- 200 g de beurre mou
- 1 sachet de levure chimique (10 g)
- 1 cuillère à café de bicarbonate de soude
- Saladier
- Balance
- Rouleau à pâtisserie
- Papier cuisson
- Four

Pour le glaçage royal :
- 1 blanc d'œuf ou 10 g de poudre de meringue
- 1 cuillère à soupe de jus de citron
- 150 g de sucre glace
- Bol
- Spatule
- Poche à douille

Les sablés

1. Préchauffer le four à **160°C**.

2. Sortir le **beurre** du **réfrigérateur** plusieurs minutes avant de débuter la recette afin de le laisser ramollir.

3. Dans un saladier, **mélanger** 200 g de **farine** avec le **sucre** et la pincée de **sel**.

4. Ajouter le beurre coupé en dés et mélanger avec les doigts jusqu'à obtenir une **texture sableuse**.

5. Ajouter l'œuf et mélanger jusqu'à obtenir une **boule**.

6. Mettre la boule de pâte au **réfrigérateur** au **minimum durant 2h**. *(photo 1)*

7. Fariner son plan de travail et **abaisser la pâte** à l'aide d'un rouleau à pâtisserie jusqu'à obtenir une épaisseur d'environ **0,5 cm**.
Si la pâte colle, fariner le rouleau à pâtisserie, le plan de travail ou laisser reposer à nouveau la pâte au réfrigérateur.

8. **Découper la pâte** à l'aide d'un verre, un emporte-pièce simple ou personnalisé.
Sans emporte-pièce, un morceau de carton découpé permet d'obtenir toutes les formes et dimensions que l'on souhaite. *(photo 2)*
Pour réaliser des empreintes d'animaux sur les sablés, utiliser avant cuisson des figures d'animaux. *(photo 3)*
Ajouter sur les sablés des fleurs comestibles parfaitement identifiées à placer une nuit (10-12h) au congélateur avant cuisson afin de conserver la couleur des fleurs. *(photo 4)*

1

2

3

4

9. Sur une plaque allant au four, déposer un papier cuisson puis les sablés.

10. Cuire au four à **160°C** pendant **13 à 15 minutes**.

11. Une fois la cuisson terminée, les sablés doivent être dorés, les laisser refroidir sur une grille. *(photo 5)*

5

Le glaçage royal

1. **Mélanger** le **sucre glace** avec le **blanc d'œuf/poudre de meringue** et la cuillère de **jus de citron** jusqu'à l'obtention d'une pâte lisse liquide. Lorsque l'on passe la cuillère dans le bol, le glaçage doit reprendre sa place en environ 10 secondes, il ne doit pas être trop liquide. *(photo 6)*

Astuce Utiliser un glaçage épais pour réaliser des écritures, des contours ou des dessins précis sur les sablés. Utiliser un glaçage plus liquide pour faire du remplissage. Si le glaçage n'est pas assez liquide, ajouter du jus de citron et s'il est trop liquide, ajouter du sucre glace.

2. Remplir une **poche à douille** de glaçage et couper le bout finement (2 à 3 mm).

Astuce Insérer la poche à douille dans un verre pour la remplir plus facilement. *(photo 7)*

Créer des glaçages colorés en ajoutant des colorants naturels. *(photo 8)*

3. Commencer par les contours et/ou écriture ou dessin, laisser sécher, puis, ouvrir un peu plus la douille pour effectuer le remplissage.

Astuce Rendez-vous en page 20 pour une idée d'invitations autour d'un sablé personnalisé et en page 76 pour une activité créative à organiser. (6h de repos)

Attention : le blanc d'œuf cru n'est pas recommandé chez les jeunes enfants. Il existe un risque de contamination par des bactéries. Privilégier une recette en supprimant le blanc d'œuf ou en le remplaçant par de la poudre de meringue pour les plus petits.

6

7

8

Jade
Jade

LES ANIMATIONS

Les invités sont réunis dans la joie et la bonne humeur. La musique retentit et les rires, les chants résonnent en chœur. Au cours de la journée, la fête se transforme en terrain de jeux. Les activités sportives et créatives font des heureux.

*« Chaque enfant est un artiste.
Le problème est de savoir comment rester
un artiste en grandissant. »*

Pablo Picasso

Une piñata

Il y a des traditions qui traversent les océans pour devenir nos animations.
Au Mexique, la destruction de piñata est une coutume des fêtes de fin d'année.
Traditionnellement, elle prend la forme d'une **étoile colorée** à 7 branches symbolisant la **Terre** entourée des 7 péchés capitaux.
La piñata est alors rompu par un enfant à l'aide d'un bâton pour combattre le mal et en laisser s'échapper ce qu'il y a de bon, représenté par les **bonbons**.
Au fil des années, la coutume s'est étendue à toutes les **fêtes familiales** dépassant les frontières et traversant les océans pour s'intégrer, à notre plus grand bonheur, à nos **fêtes d'anniversaires**.

Matériel :

- Carton
- Crayon à papier
- Règle
- Gomme
- Cutter de précision
- Ruban adhésif de papier kraft
- Ficelle
- Paire de ciseaux
- Papier crépon coloré
- Colle en gel
- Bonbons

Réalisation

1. Définir la **forme de la piñata**, un rectangle, un rond, un ovale ou encore une forme plus élaborée comme un animal, un objet ou un chiffre sur un carton de **1 à 2 mm d'épaisseur** et la découper avec un cutter de précision.

Astuce — *Choisir un carton fin pour faciliter sa destruction au moment de l'animation.*

2. Réaliser **une seconde forme identique** en carton en s'aidant de la première forme découpée. Poser la forme préalablement découpée sur le carton, tracer son contour au crayon à papier puis découper au cutter de précision. *(photo 1)*

3. Tracer et découper une **bande de carton**, ou plusieurs, d'environ **10 à 12 cm de large**. Ces bandes serviront à réaliser le contour de la piñata et la largeur des bandes définit l'épaisseur de la piñata. *(photo 2)*

Astuce — *Découper les bandes perpendiculairement aux cannelures du carton afin de faciliter les courbures dans le cas de piñata aux formes arrondies.*

OOPS!

4. **Assembler les 2 formes identiques** avec les **bandes de carton** à l'aide de ruban adhésif de papier kraft en veillant à laisser une ouverture sur le dessus de la piñata. *(photo 3)*

5. Sur le haut de la piñata, définir l'endroit de l'**accroche**. Perforer le carton de 2 trous espacés d'environ 3 cm. Pour renforcer le **système d'accroche**, découper un carré de 10 cm de côté dans du carton et le perforer également de 2 trous espacés d'environ 3 cm. Faire passer une ficelle dans le carton de 10 cm de côté puis le glisser à l'intérieur de la piñata avant de faire ressortir la ficelle. *(photos 4 et 5)*

Astuce

Renforcer le carton de la zone d'accroche de la piñata en la recouvrant avec du ruban adhésif. Cette zone est fragilisée avec le passage de la ficelle et risque de se casser avant l'ouverture de la piñata si elle n'est pas suffisamment solide.

3

4

6. **Fermer la piñata** avec un nouveau morceau de carton et du ruban adhésif préalablement incisé de 3 encoches afin de créer une trappe d'accès pour remplir la piñata de gourmandises. *(photo 6)*

7. À l'aide d'une paire de ciseaux, **découper des bandes de 4 cm de large** dans du papier crépon coloré. Couper des franges de manière régulière d'un seul côté de chaque bande de papier crépon.

8. En commençant par le bas de la piñata, **coller les bandes de franges** sur la piñata à l'aide de colle en gel. **Superposer les bandes de franges** de sorte à ne laisser apparentes que les franges. Continuer jusqu'en haut de la piñata. Alterner les couleurs de papier crépon selon la forme ou le thème de l'anniversaire. Recouvrir le dessous et les côtés de la piñata avec la même méthode. *(photos 7 et 8)*

Astuce

Pour une piñata dont la forme n'est pas explicite, coller par-dessus les bandes de franges de papier crépon une illustration imprimée sur papier ou dessinée sur du carton.

9. **Remplir la piñata** de friandises et de confettis.

10. **Accrocher la piñata** en hauteur grâce à la ficelle dans une pièce dégagée ou en extérieur.

L'activité

Chacun son tour, les enfants, munis d'un bâton (manche à balais ou maillet de croquet en bois) tapent dans la piñata jusqu'à la sortie des bonbons et confettis.

Astuce

Pour augmenter la difficulté, bander les yeux de l'enfant avec un foulard avant de le laisser taper dans la piñata.

5

6

7

8

Un tableau collaboratif

Naissance d'une œuvre d'art réalisée par un **collectif d'artistes** enjoués qui laisse à la personne fêtée un superbe **souvenir décoratif**.

Matériel :

- Toile à peindre
- Chevalet
- 3 dés en bois
- 6 pinceaux
- 6 peintures de couleurs différentes
- Stylo noir

Remplacer les parties du corps par des instructions de dessin : en énorme, en minuscule, de haut en bas, sur la gauche, super vite, en tremblant.

La préparation

1. Choisir **une toile à peindre**. La dimension sera à adapter en fonction du nombre d'invités. Une toile de 50 × 70 cm est suffisante pour 8 à 10 enfants.

2. Sur chaque face du **premier dé**, dessiner (ou écrire si les enfants sont en âge de lire facilement) 6 formes que les enfants devront reproduire par exemple : spirale, vague, quadrillage, traits, boucles, points.

Astuce *Remplacer les dés par 3 pots avec des morceaux de papier pliés renfermant les formes, les conditions du dessin et les couleurs. Les enfants piocheront 3 papiers à chaque passage pour connaître les instructions.*

3. Sur chaque face d'un **deuxième dé**, dessiner (ou écrire si les enfants sont en âge de lire facilement) 6 conditions dans lesquelles les enfants devront effectuer le dessin par exemple : de la main droite, de la main gauche, avec les yeux fermés, avec la bouche, avec le pied droit, avec le pied gauche.

4. Sur chaque face d'un **troisième dé**, peindre 6 couleurs différentes par exemple du jaune, du bleu, du vert, du rose, de l'orange et du violet. (photo 1)

Astuce *Remplacer la peinture par des feutres, des crayons de couleurs ou des craies grasses.*

L'activité

Placer la toile à peindre sur un chevalet en laissant à disposition des enfants, les pinceaux et la peinture (ou les feutres), les dés et des lingettes pour essuyer les pinceaux entre chaque passage (surtout si utilisation de la bouche). (photo 2)

Demander aux enfants de se mettre en file. Chacun leur tour, l'enfant à qui c'est le tour va jeter les 3 dès (ou piocher un papier de chaque bocal) et reproduire le dessin selon les instructions proposées. « Dessine une spirale rouge les yeux fermés. », « Dessine des traits bleus de la main gauche. », « Dessine un quadrillage vert avec ta bouche. » (photo 3)

Au fur et à mesure des dés lancés ou papiers tirés, un super **tableau collaboratif** se réalise.
Une fois le tableau terminé, lorsqu'il n'y a plus de place ou lorsque les enfants sont tous passés à plusieurs reprises, le petit fêté pourra exposer l'œuvre dans sa chambre en souvenir de cette activité partagée.
Ne pas oublier de faire **signer** de leur prénom la toile par tous les artistes.

1

2

3

Artiste en cuisine

Allier **création** et **dégustation**.
Le plaisir d'illustrer ses propres sablés
pour agrémenter le goûter de délices sucrés.

Matériel :

- Sablés (recette page 64) recouverts de glaçage royal (recette page 66)
- Feutres comestibles

1

Réalisation

1. Quelques jours avant la fête d'anniversaire, réaliser la **recette de sablés** puis recouvrir les sablés de **glaçage royal**.
Le temps de séchage du glaçage royal doit être de minimum 6 h.
Compter **3 à 4 sablés par enfant**.

2. Acheter des **feutres comestibles** de différentes couleurs.
Pour un groupe de plus de 5 enfants, 2 lots de 6 feutres de différentes couleurs peuvent être prévus pour fluidifier le partage des feutres et des couleurs.

3. Pour faciliter le nettoyage de l'activité qui peut, selon l'âge des enfants, être salissante et limiter les taches sur les vêtements, il est possible de prévoir des **tabliers**, **blouses** ou **tee-shirts** à prêter aux enfants ainsi qu'une **nappe plastifiée** pour recouvrir la table d'activités.

L'activité

Le jour de l'anniversaire, rassembler les invités autour de la table pour expliquer l'activité. Chaque enfant reçoit plusieurs sablés préalablement recouverts de glaçage. Les feutres sont laissés à disposition au centre de la table.
Encourager les enfants à laisser libre cours à leur **imagination et créativité** en dessinant sur les sablés. Ils peuvent dessiner des motifs, des personnages, écrire leur prénom, changer de couleurs pour un même sablé. *(photo 1)*
Expliquer, qu'une fois le dessin terminé, les sablés devront sécher quelques minutes avant de pouvoir les **déguster** ou les **emballer** pour les emporter chez eux.

Astuce *Pour faciliter le transport des sablés décorés par les invités, emballer les sablés dans des sachets confiseur.*

Tut
Tut

Olympiades

Favoriser **l'esprit d'équipe** et la **communication** ; encourager **l'esprit sportif** et le **fair-play**, le bonheur des olympiades et ses épreuves amusantes et stimulantes.

1. Définir le **lieu** permettant d'organiser l'ensemble des épreuves des olympiades. Si possible, un lieu permettant d'avoir de grands espaces : un jardin, un parc public, un gymnase ou une salle.

2. Créer des équipes, 2 ou 3 selon le nombre d'invités, en veillant à avoir des teams équilibrées pour favoriser la coopération et l'esprit d'équipe.

3. Déterminer les **épreuves ludiques** à adapter en fonction de l'âge des invités et des préférences de la personne fêtée ainsi que leur nombre et leur déroulé. Les épreuves peuvent s'organiser en plusieurs manches selon le type de qualité mis en avant : la **vitesse**, la **force**, la **précision**, l'**équilibre**, la **réflexion**... (voir les idées d'épreuves en page 80).

Astuce *Organiser un nombre impair de manches dont chacune sera constituée d'un nombre impair d'épreuves afin de faciliter le calcul des points et la détermination de l'équipe victorieuse des Olympiades !*

4. Tenir un **tableau des scores** durant les Olympiades en mettant en place un système de points simple. Attribuer **1 point par épreuve gagnée**. Dans le cas d'épreuves individuelles, attribuer un nombre de points aux enfants en fonction de leur performance et l'équipe dont l'addition de tous les scores individuels est le plus haut est déclarée victorieuse et gagne le point de l'épreuve. Des **points supplémentaires** de fair-play et d'encouragement peuvent également être attribués au cours des Olympiades pour encourager la bonne entente et l'esprit sportif.

5. Terminer les Olympiades par une cérémonie de clôture au cours de laquelle peut être remise une récompense à tous les participants des Olympiades.

Astuce *Quelques ronds en carton illustrés d'un 1, 2 et 3 pour les places sur le podium, un peu de peinture et une encoche pour passer un ruban. Les médailles personnalisées de ces olympiades sont prêtes à être décernées.* (photos 1 et 2)

1

2

Idées d'épreuves

Épreuve de vitesse :

Pour évaluer la vitesse, les enfants de chaque équipe, individuellement ou en binôme selon les épreuves, se relaient pour effectuer un parcours le plus rapidement possible. Les courses peuvent être de différentes sortes : **Une course de sacs** (les deux pieds dans un sac de jute, les enfants effectuent un parcours en sautant), **un parcours d'obstacles** (les enfants effectuent un parcours jonché d'obstacles simples comme passer en dessous de chaises, enjamber des cordes, marcher en équilibre sur un tracé etc.), **une course à trois pieds** (en binômes, attachés par une jambe, les enfants effectuent un parcours en se coordonnant), **une course en brouette** (en binôme, l'un debout tenant les jambes de l'autre qui se déplace sur les mains, en position brouette, les enfants effectuent un parcours).

Astuce

Un relais peut être mis en place pour faciliter la compréhension du déroulé de la course et favoriser la patience. L'enfant effectuant le parcours est celui qui a le relais dans ses mains (un ballon, une peluche) et doit le transmettre lorsqu'il a terminé à son équipier afin qu'il puisse entamer le parcours.

Épreuve de force :

Pour mettre en avant la force de chaque équipe, on peut imaginer un **tir à la corde** (les équipes saisissent chacune une extrémité d'une corde et doivent faire avancer l'équipe adverse jusqu'à dépasser un marquage au sol qui sera considéré comme « la ligne de victoire »), **le lancer de poids** (avec un ballon de baudruche rempli de farine, ou une pomme de terre, chaque enfant de chaque équipe lance le poids le plus loin possible, la distance parcourue est mesurée), **la planche** (en position de pompes, en appui sur les coudes et les orteils, en alignant le corps de la tête aux talons, les enfants doivent maintenir la position le plus longtemps possible).

Épreuve de précision :

Pour apprécier l'adresse et la concentration de chaque équipe, plusieurs activités peuvent être organisées comme l'épreuve du **vase** (à l'aide de pompe à eau en mousse, les enfants se relaient pour viser le vase depuis une ligne et mettre le plus d'eau possible dans le vase dans un temps imparti), le **bowling** (à l'aide de 6 bouteilles pour remplacer les quilles et d'un ballon pour remplacer la balle de bowling, chaque enfant tente de renverser toutes les quilles en lançant le ballon), le **lancer de précision** (les enfants doivent lancer des balles ou des anneaux et essayer de les faire atterrir dans des seaux, paniers ou autour de boîtes de conserve, bouteilles placées à différentes distances).

Épreuve de réflexion :

Pour faire travailler les méninges, les enfants, en équipes, se concertent pour trouver la solution d'un casse-tête. Les épreuves de réflexion peuvent prendre différentes formes : un **puzzle** (le nombre de pièces sera à adapter en fonction de l'âge des enfants et la cohésion de groupe), une **énigme** (devinette, rébus ou charade), un **tangram** (jeu de puzzle d'origine chinoise qui consiste en un carré découpé en 5 triangles, un carré et un parallélogramme ; l'objectif est de reconstituer différentes formes en utilisant les 7 pièces sans les superposer). *(photos 3 et 4)*

3

4

Rendez-vous sur mon blog pour télecharger
le tangram en carton, à réaliser à la maison :
tutoriel et planches de 18 silhouettes

Photomaton

Organiser un **photomaton**, plus communément appelé photobooth, est une super idée pour organiser une activité créative et laisser la possibilité à chaque invité de partir avec de **merveilleux souvenirs**.

Matériel :

- Carton
- Peinture ou feutre
- Crayon à papier
- Scalpel de précision ou paire de ciseaux
- Ruban adhésif
- Bâtonnets en bois
- Appareil photos

Réalisation

1. Choisir un **endroit lumineux** pour installer le photomaton. Cet espace dédié aux photos souvenirs peut être décoré d'un fond comme un **mur de ballons**, une **décoration en carton**, des **affiches** ou encore des **rubans colorés**.

2. Fabriquer des **accessoires** en amont de l'anniversaire ou bien les préparer avec les invités lors d'un **atelier créatif** : lunettes, moustaches, nœuds papillon ou autres pancartes. Sur un carton, dessiner les formes des accessoires et les découper avec un scalpel de précision ou dessiner les formes des accessoires sur un carton et les découper avec un scalpel de précision ou une paire de ciseaux si le carton est fin. **Décorer les accessoires** avec des feutres, de la peinture, des autocollants, paillettes ou tout autre éléments décoratifs puis laisser sécher les créations avant de fixer un bâtonnet en bois à l'arrière de chaque accessoire avec du ruban adhésif.

3. **Prendre en photo** les invités joliment parés de leurs créations avec un appareil photos numérique ou un polaroïd permettant de profiter directement des photos imprimées.
Un trépied peut également être utilisé pour stabiliser l'appareil photos.

Boum

La **boum** n'a pas pris une ride depuis les années 80. Entre **jeux de danses** et **jeux de lumières**, les premières notes résonnent et font chauffer la piste.

Réalisation

1. Définir un **espace de danse** suffisamment grand en fonction du nombre d'invités. Si des **jeux de lumières** sont prévus comme des **projecteurs** et des **boules à facettes**, choisir un lieu que l'on peut plonger dans le noir ou dans la pénombre en pleine journée.

2. Installer un **système audio** adapté et définir avec la personne fêtée la **liste de musiques** à diffuser. Des musiques à la mode mais aussi des grands classiques dansants.

3. Prévoir en suppléments quelques **jeux** et **activités** à proposer selon le déroulé de la boum : **chorégraphie de groupe** (apprendre aux enfants des pas de danses simples qu'ils vont pouvoir réaliser en même temps), **concours de danse** (les enfants souhaitant participer, passent individuellement ou en groupe pour proposer une chorégraphie sous les encouragements des autres invités), **limbo** (les enfants doivent passer sous une barre horizontale sans la toucher en se penchant en arrière ; la barre est progressivement abaissée pour augmenter la difficulté), **chaise musicale** (disposer des chaises en cercle, une de moins que le nombre d'enfants ; lorsque la musique s'arrête, chaque enfant doit s'asseoir, le dernier est éliminé. Enlever une chaise à chaque tour jusqu'à ce qu'il ne reste qu'un gagnant.), **défilé** (organiser un défilé sur la piste de danse ; pas de danse, déguisement, les encourager à l'originalité et la spontanéité au rythme de la musique. Rire garanti !).

Téléchargez les gabarits d'accessoires de lunettes, moustaches et nœuds papillon

Jeu d'enquête

Pour préparer une enquête, il faut partir de la fin de l'enquête pour arriver au début.
On **remonte** donc **le temps pour la préparation.**

La préparation

- **L'objet dérobé** : choisir l'objet qui sera dérobé et que les enfants devront retrouver durant l'enquête. En fonction du planning de l'anniversaire, cela peut être les cadeaux (l'enquête se soldera par l'ouverture de ceux-ci), le gâteau d'anniversaire (l'enquête se conclura par le moment de souffler les bougies et le goûter) ou encore les bonbons (cette enquête peut alors être intégrée à n'importe quel moment de la journée).

- **Définir le lieu de cachette de l'objet dérobé** : un lieu où sera caché l'objet subtilisé (s'assurer que les enfants ne tombent pas dessus pendant les recherches. Cela peut être un placard, dans la cave, le garage ou pourquoi pas chez un voisin complice). Photographier un détail de ce lieu. Ce sera la « photo indice ». Si les cadeaux sont cachés sous le canapé, prendre en photo le revêtement du canapé, s'il est sous le lit, les motifs de la housse de couette. *(photo 1)* Si le logement est trop petit, la plaque de votre voisin mis dans la confidence. Si c'est en extérieur, une feuille d'arbre, un banc, la niche de l'animal, le cabanon etc. Plus les enfants sont grands et plus la photo doit être une photo d'un détail difficile à identifier au premier coup d'œil et qui nécessite des recherches (un bouton de porte, un type de feuille d'arbre, un motif, une matière).

- **Le lieu de cachette de la photo indice** : il s'agira d'un lieu où seulement une seule photo sera cachée : sous un paillasson, dans une poche de veste, dans un tiroir, dans un vase... Le lieu est facile à trouver. En revanche, de ce lieu, doit découler un rébus pour le trouver. Transformer « Le secret est sous le paillasson » en rébus en jouant avec les sons. Même les plus petits ne sachant pas lire pourront ainsi participer. *(photo 2)* Chaque dessin du rébus sera imprimé et numéroté dans l'ordre de la phrase. Pour générer un rébus à partir d'une phrase, des sites internet existent.

Scannez et découvrez quelques exemples de rébus à imprimer !

Astuce

Définir les lieux de l'enquête. Délimiter bien les espaces de recherche et placer des sens interdits aux endroits que les enfants n'ont pas le droit de visiter au risque de retrouver la maison sens dessus dessous.

1

2

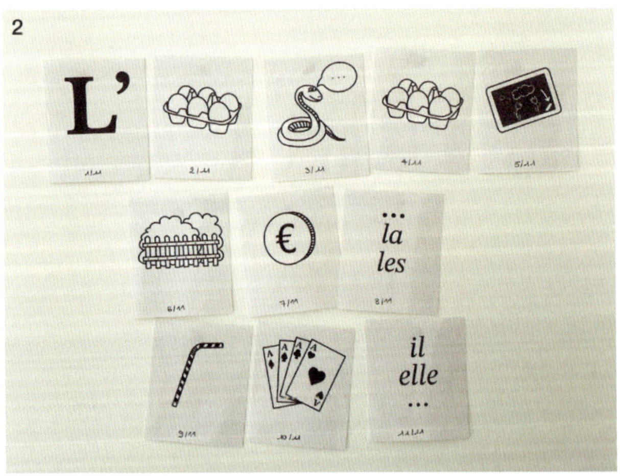

L'ENQUÊTE
LES SUSPECTS
OBJET DEROBÉ :
LES CADEAUX !
La disparition !
?
Jacques Cousteau
Thomas Pesquet
Auguste & Louis Lumière
- HOMME
- AVENTURE
- BATEAU ?
- AVION ?
Johnny Hallyday
Simone Veil
Antoine De Saint Exupéry
Marie Curie
Zinedine Zidane
Coluche
L'ENIGME
L'
OEUFS
SSS
OEUFS
CRAIE
L'
HAIE
SOUS
LE
€
...
la
les
il
elle
...
PAILLE
AS
ON
DERNIER INDICE !
dernier indice

- **Le lieu de recherche du rébus** : il s'agit du lieu de recherche n° 2 où seront cachées les cartes rébus numérotées. Ce lieu sera mentionné derrière la photo du coupable.
- **Les suspects et le coupable** : choisir et imprimer des photos des suspects. La liste d'un minimum de 10 suspects doit faire écho aux invités et à la personne fêtée : des membres de la famille (photo de papa, maman, frères et sœurs), de la famille des invités (parents et fratrie des invités), de l'environnement scolaire (photo de la maîtresse ou du maître, d'une ATSEM, adulte du périscolaire ou intervenants que les enfants ont l'habitude de côtoyer). Pour les plus petits, créer une liste de suspects d'animaux (animaux de compagnie, animaux de la ferme). Pour les plus grands, des personnes célèbres en fonction de l'actualité, de ce qu'ils ont étudié ou simplement l'occasion de leur faire découvrir des personnages inspirants : des photos de chanteurs, sportifs, personnages historiques, scientifiques, peintres, poètes. *(photo 3)*
Les photos devront être numérotées pour être certain que les enfants puissent avoir une indication du nombre de cartes à retrouver. Derrière chaque photo de suspects sera indiquée une pièce.
Définir le coupable et indiquer au dos de la photo coupable le lieu numéro 2 dans lequel les enfants devront effectuer la deuxième session de recherche.
Le lieu peut être écrit en toutes lettres pour les enfants sachant lire ou bien être un dessin ou une photo du lieu.
- **Le lieu de recherche des suspects** : il s'agit du lieu de recherche n° 1 où seront cachées les photos des suspects. Il est annoncé par le conteur ou la conteuse ou être le même lieu que le lieu de rassemblement.
- **Point de rassemblement** des enfants où auront lieu les concertations, discussions, déductions et la conclusion de l'enquête.

3

L'enquête

Introduction

Au cours de l'anniversaire, subtiliser l'objet qui va déclencher l'enquête et cacher les cartes puis rassembler les enfants au point de rassemblement. Introduire l'enquête en posant le contexte et en expliquant le but du jeu.

« Les enfants, je viens de m'apercevoir que les cadeaux ont disparu ».
« Qui a volé les friandises/le gâteau ou les cadeaux de la fête d'anniversaire ? »

Découvrir les suspects

- *« Je vous propose de mener l'enquête avec moi. Il faut découvrir le coupable et retrouver les cadeaux pour sauver la fête d'anniversaire. Il semblerait que la personne qui a dérobé les cadeaux d'anniversaire a laissé beaucoup d'indices sur son passage. Je vous laisse explorer le « **lieu numéro 1** ». Rapporter chaque découverte ici, au **point de rassemblement** ».*
- Une fois la session de recherche terminée, regrouper les enfants au **point de rassemblement** pour organiser une séance de déductions, réfléchir aux indices, avancer des hypothèses.

Téléchargez les diplômes à décerner aux enfants

Découvrir le coupable

- *« Les enfants, bravo, vous avez retrouvé tous **les suspects**. Il nous faut maintenant trouver qui est responsable du vol des cadeaux (si vous avez un deuxième adulte avec vous, il pourra être votre complice, le témoin du vol, sinon faites-le seul). De mon côté, j'ai trouvé un témoin du vol des cadeaux. Il veut bien répondre à vos questions pour identifier le voleur. En revanche, il ne peut **répondre que par oui ou par non**. Vous avez chacun le droit de poser une question ».*
  Donner quelques exemples de questions *« Est-ce que le coupable sait chanter ? »*.
  Pour les plus grands, vous pouvez définir des mots interdits pour rendre la tâche plus compliquée *« Interdit de prononcer le mot lunettes ou cheveux ou yeux »*. Ou des questions interdites *« Interdit de demander si c'est un homme ou une femme »*.
- Une fois le **coupable trouvé**, retourner la photo. *« Les enfants, le coupable a laissé au dos de sa photo la pièce dans laquelle il a laissé des indices pour avancer dans l'enquête, je vous laisse explorer le « **lieu de recherche numéro 2** » pour voir ce qu'il a laissé sur son passage. On se retrouve au **point de rassemblement** dès que vous avez trouvé quelque chose ».*

Retrouver les cadeaux

- Une fois la session dans le lieu de recherche numéro 2 terminée, les enfants se retrouvent au point de rassemblement. Les cartes indices vont former un **rébus** *« Le secret est gardé sous le paillasson. »* par exemple.
- La photo unique cachée dans le lieu indiqué par le rébus est le **dernier indice** et représente une photo d'un gros plan du lieu où se cachent les cadeaux.

Conclusion

- *« Bravo les enfants, vous avez retrouvé le voleur de cadeaux et surtout retrouvé les cadeaux d'anniversaire. La fête est sauvée grâce à vous. Je vous remets un **certificat de super détectives** ! ».*

DES SOUVENIRS

Comme une tradition qui s'installe au fur et à mesure des années. Laisser les convives repartir avec un souvenir de leur participation à la célébration. Des éléments marquants de la journée entre créations, gourmandises et jolis clichés.

« Créer, c'est se souvenir. »

Victor Hugo

BOOM!
YEAH!

Les jolis souvenirs

La fête est déjà terminée, les invités sont sur le point de rentrer.
Mais pour **immortaliser** les rires et et leur laisser quelques **souvenirs**,
les convives repartent avec un sac en papier
renfermant les **trésors d'une folle journée**.

Une photo de toi

Se constituer un **album de souvenirs** de tous les moments passés à danser, chanter et rire.
Au fur et à mesure de l'anniversaire, imprimer les **jolis clichés** de la journée. Les **photos à imprimer** pour tous les invités comme les **photos de groupe**, celles de l'animation ou encore des photos de la personne fêtée lors de l'ouverture des cadeaux.
Et puis les photos à imprimer juste pour un invité, un **souvenir personnalisé** d'une photo en duo avec la personne fêtée. Toutes ces photos que les enfants aiment garder dans le tiroir de leur table de nuit, coller dans leur journal ou afficher fièrement sur les murs de leur chambre et qui serviront de support pour expliquer à leurs parents combien ils ont passé un bon moment.
Si une animation photomaton était prévue, il est même possible de glisser dans le sac de souvenirs, quelques **accessoires rigolos**, masques, lunettes ou couronnes, qu'ils auront plaisir à porter à la maison.

Chef d'œuvre

Les anniversaires sont les lieux de créations entre bricolages et coloriages. Le sac à souvenirs renferme ainsi les **chefs-d'œuvre** effectués lors des ateliers, toutes les idées exprimées et tous les souvenirs marquants de la journée.
Il y sera glissé les **diplômes** gagnés par les aventuriers et les petites **attentions personnalisées** comme un badge au prénom de l'invité.
La personne fêtée peut également ajouter une **carte ou dessin** qu'il aura préalablement créé pour **remercier** chaque invité d'être venue l'entourer pour ce jour tant espéré.

En-cas pour la route

Ne **rien gaspiller** et en **faire profiter**.
À moins d'échelonner les festivités, le sac à souvenirs est l'occasion de distribuer tout ce qui n'a pas été mangé lors de la journée : les **bonbons** tombés de la pinata, les **sablés** personnalisés ou encore les **parts du gâteau** d'anniversaire.

Ces attentions permettront aux invités de prolonger le plaisir de la fête et faire goûter un peu de leur journée à leurs proches une fois rentrés.
Pour faciliter le transport, prévoir des **boîtes en carton** pour les parts de gâteau et des **sachets confiseur** pour les sablés ou les bonbons non emballés.

1
2

Le calendrier

Se repérer dans le temps pour **patienter** pour les plus petits,
mémoriser les dates d'anniversaires pour les **souhaiter** pour les plus grands,
le **calendrier des anniversaires** est un outil parfait pour toute la famille.
Un calendrier à compléter au fur et à mesure des années et de la vie
au gré des invitations des copains et copines
ou encore des naissances des cousins et cousines.

Matériel :

- Crayon à papier
- Planche de bois (du pin) 30 × 90 cm
- Café
- Paire de ciseaux
- Stylo noir 0,7 mm
- 3,60 m de ficelle
- 24 punaises
- Pinces à linges en bois (4,5 cm de haut × 1,2 cm)

Optionnel pour le lettrage :

- Papier calque
- Ruban adhésif

Réalisation

1. **Choisir sa planche de bois**. Pour ce **calendrier** à la verticale, choisir une planche de 90 cm de hauteur et 30 cm de largeur. Afin de limiter les coûts du calendrier, choisir une planche de pin, le bois le moins cher. Le pin est très clair, pour lui donner une couleur plus foncée, teinter la planche avec du **café et du marc de café**. Rien de plus simple, faire couler un café (type expresso) et l'appliquer sur la planche. Pour accentuer les nervures du bois, récupérer le marc de café (encore humide) et le frotter sur la planche avec un chiffon.

2. **Délimiter la planche en 13 parties** pour avoir la place de noter un **titre** (« Joyeux Anniversaire », « Calendrier d'anniversaire » ou encore « Birthday Calendar ») et les **12 mois de l'année** (sans oublier la longueur des pinces à linge).

Pour une planche de **30 × 90 cm** et des pinces à linge de **4,5 cm** de long, laisser **10 cm** pour écrire le titre « Joyeux anniversaire », **6,5 cm pour chaque mois de l'année** (2 cm environ pour l'écriture du mois et 4,5 cm pour les pinces à linge) et enfin, 2 cm en bas du calendrier.

Enfin, lorsque l'on a une belle écriture, ou si l'on souhaite faire participer ses enfants en les laissant écrire le titre du calendrier et les mois de l'année, on peut passer le reste de cette étape. Sinon, choisir une **police d'écriture à reporter** sur sa planche à l'aide de papier calque et d'un crayon à papier.

Astuce

Pour décalquer une police d'écriture, poser une feuille de papier calque sur le lettrage imprimé depuis un ordinateur et reproduire le lettrage par transparence avec un crayon à papier. Retourner la feuille de papier calque et repasser le lettrage au crayon à papier sur une feuille de brouillon puis retourner une nouvelle fois sa feuille de papier calque avant de la positionner sur le support en bois et repasser sur les traits.

Joyeux
Anniversaire
Janvier
31 Cora
Février
15 Nico
19 Margaux
24 Joaquim
Mars
1 Marion
9 Loan
28 Marceau
30 Antoine
31 Isabelle
Avril
1 Cédric
16 Loris
20 Yann
Mai
1 Lionel
Juin
8 Orel
17 Lolo
21 Maé
Juillet
2 Fanny
26 Steph
Août
1 Lucie
6 Yoann
24 Taïna
Septembre
17 Elena
20 Maryse
26 Serge
Octobre
Novembre
2 Jo
6 Jade
13 Alyx
15 Ellie
21 Marine
24 Mila
Decembre
26 Laura
29 Nathalie

Pour cet exemple, « Joyeux » en police d'écriture « Courrier New » taille 72, « Anniversaire » en police d'écriture « Brush Script M7 » en taille 190 et enfin les 12 mois de l'année en police d'écriture « Courrier New » en gras taille 190 pour les 12 mois de l'année.

Un peu de ruban adhésif pour positionner les calques et s'assurer des emplacements. *(photo 1)*

3. **Écrire le titre et les mois de l'année de son calendrier** avec un stylo à bille noir. Utiliser pour ce modèle, une mine 0,7 mm. *(photo 2)*

4. **Positionner les ficelles** juste en dessous de chaque **mois de l'année**. Un bout de **ficelle** de la largeur de sa planche (ici 30 cm) à fixer avec des punaises.
Fixer la ficelle en positionnant quelques pinces à linge sur la ficelle au préalable pour avoir une bonne tension. *(photo 3)*

5. **Noter les dates des anniversaires**. Sur chaque pince à linge, noter **le jour et le prénom** de la personne qui fête son anniversaire. Chaque pince à linge sera ensuite placée sur la **ficelle** du mois d'anniversaire. Pour les plus petits, la belle idée est également d'accrocher une **photo** de la personne qui fête son anniversaire. Pour cela, il faudra prendre en compte la dimension des photos dans les mesures et noter le jour et le prénom avec la pince à linge dans l'autre sens. *(photo 4)*

6. **Se repérer dans le temps**. Petit plus du calendrier pour les plus petits, ajouter une pince à linge peinte pour la différencier des autres. Cette **pince à linge**, à déplacer au fur et à mesure des années et des anniversaires souhaités, permet de se repérer dans le temps et sur le calendrier. Après « compter les jours en dodos », nous voilà à compter le temps en jours d'anniversaires ! *(photo 5)*

3

Joyeux
Anniversaire
Janvier
Février
Mars

4

Mars
28
Marceau

5

Une pince à linge pour se repérer dans le temps.
15
19
Nico
Margaux
Mars
1
9
Marion
Loan

Les éditions de saxe
3 chemin du Torey
69340 Francheville
www.edisaxe.com

Créatrice : Marine Alves Ferreira
Photos : Marine Alves Ferreira
Mise en page : Christine Lim
Gabarits : Marine Alves Ferreira
Modèles : Jonathan, Jade et Marceau Alves Ferreira

J'ORGANISE L'ANNIVERSAIRE DE MON ENFANT
BLOG091 – ISBN : 978-2-7565-4087-0
Imprimé en RPC
Dépôt légal : à parution